丸鶏レシピ
うまみを丸ごといただきます

コウ静子

私にとって、子供の頃から丸鶏を料理し食卓を囲むことは日常でした。家族との団欒。年中行事や先祖を迎える祭祀の膳。大切な人との語らいの時。その記憶は、ようやく物ごころがついた頃から、いえ、おそらく生まれる前から刻まれた記憶なのだろうと思います。体に染み込んでいくような美味しさと温かな幸せの記憶がそこにあります。

台所では季節を問わず、かくれんぼが出来そうな程の大きな寸胴鍋が火にかかり、温かな湯気が立ち上る。スープは黄色みを帯びて、ポワポワと脂の水玉が煌めく。丸鶏を引き上げると、休ませることなくそのまま食卓へ。大きくさばいて手づかみで頬張ります。塩、こしょう、薬味の効いた醤油だれ、レモンとコチュジャンを合わせた酢コチュジャン、様々な包み菜を山のように用意して、好みに味をつけ、葉っぱで巻き、思い思いに食べたら、ちょうどスープにもち米を加えた粥が煮上がり、それを大きなどんぶりによそい、その全てを味わい尽くします。そんな家族で囲む食卓の記憶がいつも傍らに寄り添う、家族の幸せのしるしのよう。それはこれからも変わらないであろうと感じています。

多くの方は、丸鶏とは日常から離れた、どこか遠く異国の料理のように感じられるだろうと思います。丸鶏を前に、買う時、調理する時、さばく時。全てにとまどいがあるでしょう。下ごしらえのポイント、料理のコツを覚えれば、実は丸鶏はとても扱いやすく使い勝手の良い食材なのです。煮ればおいしいスープストックがとれ、調理後のさばき方が分かれば料理の幅や楽しさが広がります。

食材との出会いには、新しい体験があります。そして「美味しさ」にはたくさんの種類と豊かな広がりがあります。この本をきっかけに世界が広がるような美味しさや楽しさを感じていただければと願います。

料理は生きていくうえで様々なイメージとともに記憶に残り、私たちの心を満たし育んでくれるもの。命を頂き、命を育んでいくという行為の中で、美しく豊かな記憶が皆さんの中に残りますように。この丸鶏レシピがそんなお役に立つことができるよう願っています。

丸鶏レシピ
うまみを丸ごといただきます

Contents

002　はじめに

006　PART1 ゆで丸鶏

008　丸鶏をゆでる
010　ゆで丸鶏をさばく
014　ゆで丸鶏のシンプルな食べ方
016　デラウエアのきゅうりもみ
017　キャベツとセロリのはちみつコールスロー
018　スクランブルエッグ
020　じゃがいものこしょうグラタン
022　レモンパスタ
024　アンディーブとりんごのサラダ
026　かぼちゃの種のみそナムル
027　いんげんの黒ごまナムル
028　フォーガー
030　鶏肉とプラムのバジル炒め
032　鶏皮と香菜のレモン餃子
034　サムパ
036　けんちん汁
037　そばだんご汁
038　トマトスープ
040　白玉だんごを浮かべたわかめスープ
042　モロヘイヤのレモンスープ
043　玉ねぎとスペルト小麦のスープ煮
044　スパイスチキンカレー
046　トック
048　サムゲタン
050　チムタック
052　きゅうりとトマトのチゲ
054　ポトフ
056　ゆで鶏の冷製　山椒しょうゆ
058　栗となつめのカオマンガイ
060　れんこんと菊花の酢和え
062　韓方ペクスのきのこ鍋

070　PART2 焼き丸鶏

072	丸鶏を焼く
074	焼き丸鶏をさばく
076	ポテトサラダ
078	春菊とざくろのサラダ
080	軽い燻製と桃のサラダ
082	ビーツとざくろのサラダ
084	スナップえんどうとディルのソース
086	ピーマンの塩炒め
088	ドライトマトの玄米むすび
090	プルタック
092	ナムプラーがらめ
094	照り焼き
096	クミンオイル炒め
098	サンドイッチ
100	賀茂なすときぬかつぎの田楽
102	りんごのローストチキン
106	りんごのローストチキンといちじくのマリネ
108	りんごのローストチキンとスタッフィングのコロッケ

ローストチキンによく合うサブの料理

110	カリフラワーのスープ/緑野菜と松の実のサラダ
111	大豆のフムス風

1カップは200mL、大さじ1は15mL、小さじ1は5mLです。

PART 1
ゆで丸鶏

幼い頃から母と語らいながらどれほどの時間を過ごしてきたでしょう。そして、これまで幾度となく丸鶏がゆであがる光景をみてきたことでしょう。丸鶏をゆでる時の楽しみは、鶏がゆで上がる前に先に火が通った砂肝やレバー、心臓を取り出し、塩をつけて母とちょうど半分ずつに分け食べることでした。1羽分の内臓です。それぞれ1つずつしかありません。家族みんなにはあたらないので、キッチンにいる人のご褒美と言って笑顔で口に入れてくれました。みんなに内緒で食べる小さな一口がそれはそれは美味しくて。私が鶏好きになったのはこうした味の記憶からかもしれません。そうした記憶は日常も非日常も、良いことも悪いこともいつのまにか包み込んで、すべてを美しくしてくれるように感じます。

丸鶏は取り扱っているスーパーもありますが、店頭になくてもお願いすれば取り寄せてくれます。場所によって1週間ほどかかるので、余裕をみてオーダーしてください。また、その際、1羽分の内臓をつけてくださいとお願いするのを忘れずに。

丸鶏をゆでる良さは、美味しさが凝縮したスープストックも同時にとれ、様々な料理へと楽しさが広がることも1つです。どのような丸鶏でどれくらい火を入れるかによって味わいは大きく変わってきます。大きな骨つきの丸鶏ですから、慣れていないとつい煮すぎになってしまいがちです。長く火を入れると、鶏肉の味が抜けて、パサつきを感じるようになります。丸鶏を調理する、部位ごとにさばく、部位ごとに味わいの違いを楽しむ。そこに丸鶏こその楽しさや華々しさがあります。ぜひ、ご自分なりの丸鶏料理の楽しみ方を見つけていただければと思います。

材料　4～6人分

丸鶏 … 1羽 (中抜き・約1.6～1.8kg)
粗塩 … 大さじ1
A 長ねぎ(青い部分) … 1本分
　 にんにく … 2かけ
　 黒粒こしょう … 5～6粒
　 酒 … 1/2カップ
　 塩 … 小さじ1

［丸鶏をゆでる］

1 下処理をする

1
丸鶏は腹の中まで流水できれいに洗い、ペーパータオルで水気を拭き、腹を上にしてバットにのせる。フォークを腹の奥まで入れ、脂の部分や内臓の残りをすべてかき出す。

2 脂や内臓が残ったまま調理すると、臭みが出て、ゆで汁が濁る。

3 腹の中と表面に粗塩を手で軽くすり込み、1時間ほどおく。

4 再び流水で洗って、ペーパータオルで水気を拭く。

2 ゆでる

1 鍋に、下処理した丸鶏がかぶるくらいの水（適量 / 分量外）を入れ、**A**を加え、ふたをして強火にかける。

2 煮立ったらアクを除いて弱めの中火にし、ふたを少しずらして40分ほどゆでる。途中で何度かアクを除く。

3 バットにゆで上がった丸鶏をのせ、粗熱を取る。

> 丸鶏のゆで汁は、漉しておきます。鶏のエキスが溶け出し、うまみのあるスープができます。塩を加えてそのまま飲んだり、調理のだしとして重宝します。

［ゆで丸鶏をさばく］

［ ももをさばく ］

1 ももの付け根の皮だけを、包丁で切る。

2 鶏肉の本体を包丁で押さえながら、左手でももをはがす。

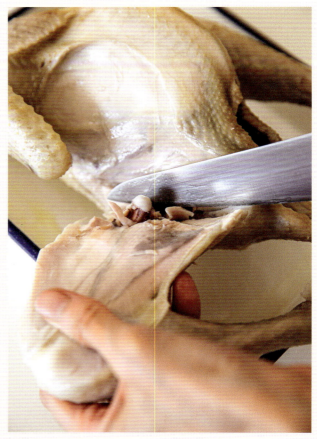

3 ももの関節を、包丁で切る。反対側も同様に。

[手羽をさばく]

1 手羽の付け根の皮だけを、包丁で切る。

2 鶏肉の本体を包丁で押さえながら、左手ではがす。反対側も同様に。

[むねをさばく]

1 腹の中心に沿って、皮だけを包丁で切る。

2 両手で左右に、途中まで開く。

3 鶏肉の本体を右手でつかみ、左手でむねをはがす。反対側も同様に。

[ささみをさばく]

1 右手で骨をつかみ、左手でささみをつかむ。

2 右手でささみをはがす。

[背中をさばく]

1 左手で本体を持ち、右手で皮をはがす。

2 右手で背中の肉をはがす。

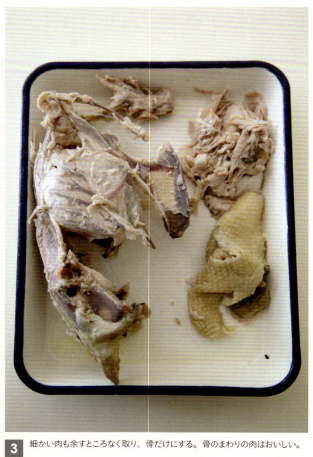

3 細かい肉も余すところなく取り、骨だけにする。骨のまわりの肉はおいしい。

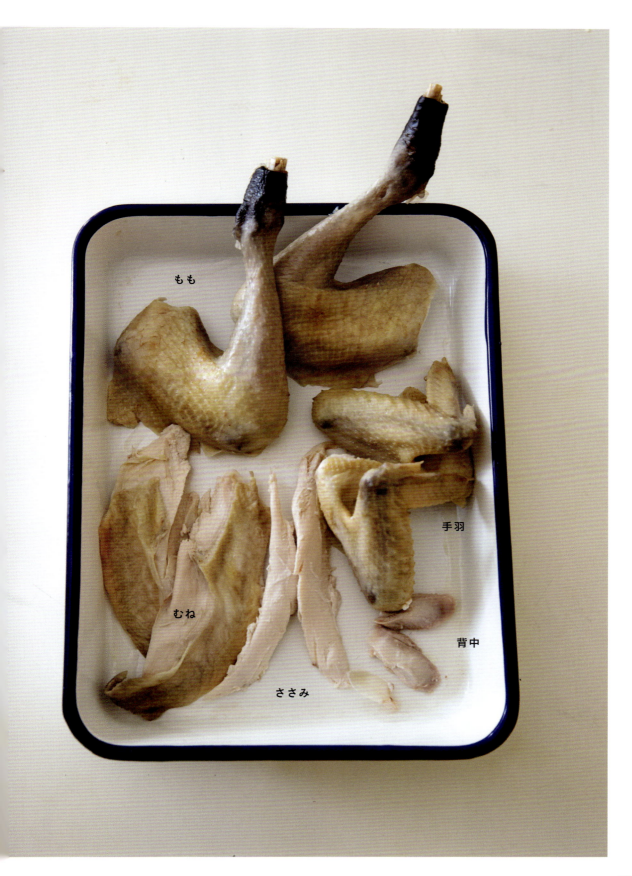

［ゆで丸鶏のシンプルな食べ方］

丸鶏1羽をゆでると、もも、むね、ささみ、手羽など、
それぞれの部位を一度に味わえます。
ゆでる途中で、内臓を取り出してつまめるのも、
作るときの密かな楽しみ。
味つけはシンプルに、塩、黒こしょうでどうぞ。

砂肝、ハツ、レバーの塩ゆで
精肉店に丸鶏をオーダーする際、1羽分の内臓もいただける。それを丸鶏と共にゆでる。先に取り出し、塩をつけていただく。

スープ
丸鶏のゆで汁を温め、他の具は何も加えず、ただ塩、黒こしょうで調味しただけのシンプルスープ。

ゆで丸鶏と塩
ゆで丸鶏を手で裂き、塩をつけていただく。
※好みで黒こしょうをつけても。

デラウエアのきゅうりもみ

デラウェアの甘酸っぱさと、きゅうりの青い瑞々しさでさっぱりとした一皿に。
透明感のあるガラスの器に盛りつけて。

材料　2〜3人分

ゆで丸鶏（ささみ）…2本
デラウエア…1房
きゅうり…2本
塩…適量
青じそ…5〜6枚
穂じそ（あれば）…適量
A　酢…大さじ1½
　　オリーブオイル…大さじ½

1　ささみは食べやすく手で裂く。
2　デラウエアは皮から実を取り出し、出てきた果汁も一緒にとっておく。
3　きゅうりは塩少々をふって、まな板の上で転がし、サッと洗って斜め薄切りにする。塩小さじ½をふってもみ、10分ほどおく。水気を絞る。
4　3のきゅうりと1のささみをAで和え、2のデラウエアの実と果汁を加え、青じそをちぎり入れて混ぜる。器に盛り付け、穂じそを散らす。

キャベツとセロリのはちみつコールスロー

キャラウェイはさわやかな芳香、ほのかな甘味とほろ苦さがキャベツとよく合い、
ザワークラウトには欠かせないスパイスです。パンやスコーン、卵料理に添えても。

材料　2〜3人分

ゆで丸鶏（むね）…1枚
キャベツ…1/4個
セロリ…1本
セロリの葉…適量
塩…キャベツとセロリの重量の3％
グリーンオリーブ…5〜6個
A　酢…大さじ2
　　キャラウェイシード…小さじ1
　　はちみつ…小さじ1

1　むねは食べやすく手で裂く。
2　キャベツは千切り、セロリは筋を除いて斜め薄切りにし、セロリの葉と一緒に塩をふってもみ、30分ほどおいて水気を絞る。
3　2にAとグリーンオリーブを加えて混ぜ、1のむねを加えて混ぜ合わせる。

スクランブルエッグ

卵に丸鶏のゆで汁を加えたごちそうスクランブルエッグ。
フレッシュなハーブの香りや苦み、トマトの酸味が
卵の美味しさを際立たせます。

材料　2人分

ゆで丸鶏（ささみ）…1〜2本
丸鶏のゆで汁 … 大さじ1〜2
卵 … 3個
塩、黒こしょう … 各適量
ミニトマト … 6〜7個
ディル、イタリアンパセリ、バジル … 各適量
オリーブオイル … 小さじ2〜3

1　ささみは食べやすく手で裂く。ミニトマトはへたを
除き半分に切る。ディル、イタリアンパセリ、バジル
は葉を摘み、手でちぎる。
2　ボウルに卵を割り入れ、丸鶏のゆで汁と塩を加えて
溶きほぐす。
3　小さなフライパンにオリーブオイルを入れて熱し、
2の卵を流し入れて菜箸で全体をかき混ぜる。1のミニ
トマト、ささみ、を加えてさらにかき混ぜながら半熟状
にする。
4　皿に盛り、黒こしょうを挽き入れ、1のハーブを散
らす。

じゃがいもの
こしょうグラタン

じゃがいもに丸鶏のゆで汁をかけて焼くだけの、
シンプルなグラタンです。
丸鶏のうまみを十分に含んだじゃがいもはしっとり、
表面は揚げたようにカリリ。
チーズの香りをふわりとまとわせます。

材料　2人分

じゃがいも…2個
丸鶏のゆで汁…1〜1½カップ（じゃがいもがかぶる程度）
パルミジャーノレッジャーノ…適量
黒こしょう…適量

1　じゃがいもは皮をむき、3〜4mm厚さにスライスする。
2　耐熱皿に**1**のじゃがいもを並べ入れ、丸鶏のゆで汁を回しかけ、200℃のオーブンで20分ほど焼く。
3　じゃがいもに火が通ったらチーズをすりおろし、黒こしょうをたっぷり挽き入れる。

レモンパスタ

風に舞う羽根のような葉が、さわやかな芳香をもつディル。
ハーブの中で最も好きなもののひとつです。
塩レモン、シャインマスカットでさっぱりと。

材料　2人分

ゆで丸鶏（むね）… 1枚
丸鶏のゆで汁 … 1/4カップ
パスタ（乾麺）… 160g
塩レモン … 1/6個
シャインマスカット … 10〜15粒
ケイパー … 大さじ1/2
ディル … 適量
塩、黒こしょう … 各適量

1　むねは食べやすく手で裂く。塩レモンはスライスする。
ケイパーは粗く刻む。ディルは葉を摘む。
2　パスタはたっぷりの塩を加えた熱湯でゆでる（袋の表示
から1分短く）。
3　フライパンに丸鶏のゆで汁を煮立て、2のパスタを鍋か
ら引き上げて加え、1のむね、塩レモン、シャインマスカッ
ト、ケイパー、ディルも加えてひと混ぜし、黒こしょうを
ふり入れる。

◎塩レモン
国産レモンをきれいに洗い、水気をふいて、縦4等分に切り、
塩と合わせる。密閉容器に入れて、10日ほどおく。

アンディーブと
りんごのサラダ

ももや手羽に比べ、軽い味わいのささみ。
ブルーチーズとヨーグルトを合わせた
クリーミーなドレッシングでサラダにしました。
ブルーチーズのピリッとした刺激が食欲をそそります。

材料　2〜3人分

ゆで丸鶏（ささみ）…1本
アンディーブ…1/2株
りんご…1/4個
マッシュルーム…5個
ブルーチーズ…50g
A　マスタード…小さじ2
　　レモン汁…小さじ1
　　白ワインビネガー…大さじ1
　　オリーブオイル…大さじ1
　　ヨーグルト…大さじ3
ディル…適量

1　ささみは食べやすく手で裂く。
2　アンディーブは2〜3等分に切り、りんごは皮を洗い、
塩で表面をこすり洗いし、水で洗い流す。水気をふき、皮
つきのままいちょう切りにする。マッシュルームは表面の
汚れをふき取り、薄切りにする。チーズは角切りにする。
ディルは葉を摘む。
3　1のささみと2のアンディーブ、りんご、マッシュルーム
をAで和え、2のチーズ、ディルを加えてさっと混ぜ合わ
せる。

かぼちゃの種のみそナムル

丸鶏をゆで、あれこれ楽しむと、翌日には少し残った肉でナムルを作ります。
調味は野菜に合わせ、みそやごま、ナッツの風味を効かせて。
こうして数日間、余すことなく楽しみます。

材料　2人分

ゆで丸鶏（むね）… 1枚
ほうれん草 … 1わ
かぼちゃの種（炒ったもの）… 20g
A みそ … 大さじ1
　 白いりごま … 小さじ2
　 ごま油 … 小さじ2

1　むねは食べやすく手で裂く。
2　ほうれん草は塩（分量外）を加えた熱湯でさっとゆで、冷水に取ってからざるに上げて水気を絞り、4〜5cm長さに切る。
3　かぼちゃの種は粗く刻み、Aと合わせ、2のほうれん草を和える。1のむねを加えて軽く和える。

いんげんの黒ごまナムル

さっぱりとした味わいのささみには黒ごまをたっぷり。
いんげんの香りとシャキシャキとした歯触りが心地よい一皿です。

材料　2人分

ゆで丸鶏（ささみ）… 2本
いんげん … 10本
A　黒すりごま … 大さじ1 1/2
　　ごま油 … 大さじ1
　　しょうゆ … 大さじ1/2

1　ささみは食べやすく手で裂く。
2　いんげんはあれば筋を除き、塩（分量外）を加えた熱湯でゆでる。
3　2のいんげんをAで和え、1のささみを加えて軽く和える。

フォーガー

丸鶏のうまみが凝縮したゆで汁は、
香りのあるハーブをたっぷりと散らしてフォーに。
すだちを絞ると味がしまります。

材料　2人分

ゆで丸鶏（むね）… 1枚
米麺（乾麺）… 100g
A 丸鶏のゆで汁 … 3 1/2カップ
　 しょうが（薄切り）… 3〜4枚
　 香菜の根 … 2株分
香菜、バジル、ミント、ディル、レタス … 各適量
生とうがらし … 1〜2本
細ねぎ … 1〜2本
すだち … 1個
ナムプラー、塩、黒こしょう … 各適量

1　むねは食べやすく手で裂く。
2　米麺は袋の表示通りに戻し、ゆでる。
3　香菜は3cm長さに切り、バジル、ミント、ディルは葉を
摘み、レタスは手でちぎる。細ねぎは小口に切り、生とう
がらしは2〜3等分に切る。
4　鍋にAを入れて煮立て、ナムプラー、塩、黒こしょう
で味を調える。
5　器に2の米麺を入れて4のスープを注ぎ、1のむねと3の
ハーブや野菜をのせ、横半分に切って種を除いたすだちを
添え、好みでナムプラーを加えていただく。

鶏肉とプラムのバジル炒め

鶏肉に果実の甘酸っぱさと香りを合わせると、
華やかな一皿に。
季節によって手に入らない場合は
旬のフルーツを組み合わせてみてください。

材料　2人分

ゆで丸鶏（もも）…1本
セロリ…1本
プラム…1個
バジルの葉…10枚
A オイスターソース…大さじ1
　 レモン汁…大さじ1
　 鷹の爪（2〜3等分にちぎる）…1本
塩、黒こしょう…各適量
オリーブオイル…小さじ1

1　ももは骨を外し、一口大に切る。セロリは筋を除いて
7〜8mm幅の斜め切りにする。プラムは縦8等分のくし切り
にする。
2　フライパンにオリーブオイルを熱し、**1**のセロリを入れ
てさっと炒めて取り出す。
3　同じフライパンに**1**のももの皮目を下にして入れて塩、
黒こしょうをふり、軽く両面に焼き色がついたら、**A**を回
し入れて炒め、**1**のプラムと**2**のセロリを加えてさっと炒め
合わせ、塩、黒こしょうで味を調える。火を止め、バジル
の葉を加えてひと混ぜする。

鶏皮と香菜のレモン餃子

丸鶏をさばくと、肉づきが無い背中は皮だけになってしまいます。
塩をつけてそのままいただいても美味しいのですが、
餃子の種にすると鶏皮のうま味が引き立つジューシーな餃子に。
香菜やレモンを合わせて、香り良く仕上げます。

材料　3〜4人分

ゆで丸鶏の皮 … 80g
キャベツ … 1/8個
香菜 … 50g
レモン … 1/6個分
A　しょうゆ、酒 … 各大さじ11/3
　　しょうが（みじん切り）… 5g
　　黒こしょう … 少々

餃子の皮 … 20枚
たれ
　　黒酢 … 大さじ1
　　しょうゆ … 大さじ1
しょうが（せん切り）… 15g
香菜（3cm長さに切る）… 1株

1　ゆで丸鶏の皮は粗みじんに切る。キャベツは千切りに
し、塩（適量/分量外）を軽くもみ込みしばらくおいて水気
を絞る。香菜は1cm長さに切る。レモンはさっとぬらし、
塩（適量/分量外）をふってこすり、水で洗う。
2　ボウルに1のゆで丸鶏の皮とAを入れて練り混ぜる。1
のキャベツ、香菜を加えて混ぜ合わせる。
3　餃子の皮の中央に2のたねをのせ、皮の縁にぐるりと水
をつけて、ひだを寄せるようにして包む。
4　鍋にたっぷりの湯を沸かし、3の餃子を入れて3分ほど
ゆでる。
5　皿に4のゆであげた餃子を取り出し、1のレモンの皮を
おろしかけ、たれの黒酢としょうゆを合わせ、しょうがと香
菜を添える。

サムパ

サムは包む、パはごはんの意味。
葉野菜でごはんを包んでいただく韓国の家庭料理です。
もも肉は皮目とは逆の肉のほうから骨に沿って切り目を入れ、
骨を外すと様々な料理に使えます。

材料　2人分

ゆで丸鶏(もも)…1本
チシャ、えごまの葉、エンダイブ、アンディーブ、ディル、
イタリアンパセリ、香菜など好みの葉野菜やハーブ
　…適量
プクプク野菜味噌…適量

1　ももは骨を外し、食べやすく切る。
2　野菜やハーブを手に取り、1のももや緑豆ごはん、
プクプク野菜味噌を包んでいただく。

◎緑豆ごはん
緑豆大さじ4をたっぷりの水に入れて5〜6分煮る。
米2合に緑豆を加えて、通常の水加減に水大さじ4を
加えて炊く。

◎プクプク野菜味噌
材料(作りやすい分量)
ズッキーニ…5〜6cm
玉ねぎ…1/6個
煮干し(頭とわたを除く)…10g
A　味噌…大さじ3
　　コチュジャン…小さじ2
　　ごま油…小さじ1
　　白いりごま…大さじ1/2
　　あれば生赤・青とうがらし…各1/4本
　　水…1/2カップ

1　ズッキーニと玉ねぎは粗みじんに切り、煮干しはから炒りする。生とうがらしは小口切りにする。
2　鍋に1のズッキーニ、玉ねぎ、煮干しとAを入れて時々混ぜながら弱めの中火で3分ほど煮る。

好みの葉野菜に、緑豆ごはん、
もも、プクプク野菜味噌の順に
のせ、手で巻いていただきます。

けんちん汁

根菜類が丸鶏のゆで汁のうま味を含みながら火が通り、美味しさが増します。
丸鶏のゆで汁は、だしと合わせてうどんやそば、おでんや鍋だしにと、料理の楽しみが広がります。

材料　2人分

ゆで丸鶏（むね）…適量
にんじん…50g
ごぼう…50g
さつまいも（小）…1本
丸鶏のゆで汁、だし汁（削り節と昆布）
…各1 1/2カップ
みそ…大さじ1 1/2〜2
細ねぎ（小口切り）…適量

1　むねは食べやすく手で裂く。
2　にんじんは4〜5mm厚さの半月切り、ごぼうはたわしなどで皮をこそげ、4〜5mm厚さの斜め切りにする。さつまいもは1cm強厚さの輪切りにする。
3　鍋に丸鶏のゆで汁とだし汁を入れ、2の野菜を加えて10分ほど煮、1のむねを加えてひと煮する。火を止め、みそを溶き入れる。
4　器に入れ、細ねぎを散らす。好みで一味唐辛子をふっても。

そばだんご汁

新そばの季節の楽しみ。そばだんご汁には香りよい煮干しだしを合わせるのが定番です。
そばと相性の良い大根をほそ切りにして加えます。

材料　2人分

ゆで丸鶏（もも）…適量
丸鶏のゆで汁…2 1/2カップ
だし汁（煮干しでとったもの）…1 1/2カップ
大根…50g
そば粉…100g
細ねぎ（小口切り）…1〜2本
塩…適量

1　ももは骨を外し食べやすく手で裂く。大根は5〜6cm長さの細切りにする。
2　鍋に丸鶏のゆで汁と煮干しだしを合わせ入れ火にかけ、煮立ったら1の大根を加え再び煮立たせる。
3　ボウルにそば粉を入れ、熱湯（140ml/分量外）を少しずつ加えながら混ぜる。粉っぽさがなくなってきたら、スプーンですくい、2の鍋に落とし入れる。3〜4分ほど煮て、1のももを加えてひと煮し、塩で味を調える。
4　器に盛り、細ねぎを散らす。

トマトスープ

丸鶏のゆで汁にトマトを丸ごと加えて煮るだけ。
スプーンで崩しながらいただきます。
濃厚なゆで汁にトマトの酸味。
ひとつの食材を加えるだけで、味わいががらりと変わる。
料理の楽しさ、奥深さを感じる一皿です。

材料　2人分

丸鶏のゆで汁…2カップ
トマト…2個
チャービル、ディル…各適量
塩、黒こしょう…各適量

1　トマトはへたをくり抜く。
2　小鍋に丸鶏のゆで汁を入れて煮立て、1のトマトを
加えて3分ほど煮、塩で味を調える。
3　器によそい、チャービルとディルの葉を摘んで散ら
し、黒こしょうをふり入れる。

白玉だんごを浮かべた
わかめスープ

わかめはシャキシャキ感を楽しみたいから
火を通し過ぎないように、
器に盛り入れ、熱いスープをかけるのがポイント。
白玉だんごにしのばせたしょうががふわりと香ります。

材料　2人分

ゆで丸鶏（もも）…適量
丸鶏のゆで汁…2カップ
わかめ（乾燥）…5g
白玉粉　…50ｇ
しょうが汁…小さじ1
水…大さじ4
しょうゆ…小さじ1

1　ももは食べやすく手で裂く。
2　ボウルに白玉粉を入れ、しょうが汁と水を合わせて少し
ずつ加えながら混ぜ、耳たぶ程度の固さに練り、12等分に
丸める。
3　鍋に湯を沸かし、2のだんごを入れる。浮いてきたら、
ひと呼吸おいて引き上げ冷水に取る。
4　わかめはたっぷりの水に浸して戻し、食べやすく切る。
5　鍋に丸鶏のゆで汁を入れて煮立て、しょうゆで味を調える。
6　器に4のわかめと3の白玉だんごを盛り、5のスープを注
いで1のももをのせる。

モロヘイヤのレモンスープ

モロヘイヤは火を通すととろみが出て、そこにゆで汁がからんで独特の味わいに。
レモンを落として酸味と苦みを楽しみます。

材料　2〜3人分

ゆで丸鶏（手羽）… 2本
丸鶏のゆで汁 … 2 1/2カップ
モロヘイヤ … 1わ
レモン（輪切り）… 1/2個分
塩 … 適量
粒黒こしょう … 5〜6粒

1　モロヘイヤは葉を摘み取る。
2　鍋に丸鶏のゆで汁を入れ、粒黒こしょうを加えて煮立て、1のモロヘイヤ、レモンの輪切り、手羽を加えて煮る。スープにとろみが出て火が通ったら、塩で味を調える。

玉ねぎとスペルト小麦のスープ煮

スペルト小麦は小麦の原種。あらかじめゆでておき、スープやサラダに入れて使います。
うまみが凝縮したゆで汁は、加える具材ひとつで様々に変化し、日々のスープに活躍します。

材料　2〜3人分

玉ねぎ …3個
丸鶏のゆで汁 …適量
スペルト小麦 …1/4カップ
パルミジャーノレッジャーノ …適量
塩、黒こしょう …各適量
イタリアンパセリ …適量

1　鍋にスペルト小麦と水（1カップ/分量外）を入れ、塩をひとつまみ加えて強火にかける。沸騰したら弱めの中火で20分ほどゆで、ふたをして10分蒸らす。
2　イタリアンパセリは粗みじんに切る。
3　小さな鍋に玉ねぎを並べ、丸鶏のゆで汁をかぶる程度注いで30分ほど煮る。1のスペルト小麦を加えてひと煮し、塩で調味する。
4　器によそい、パルミジャーノレッジャーノをおろし入れ、2のイタリアンパセリを散らし、塩、黒こしょうをふる。

スパイスチキンカレー

スパイスはあまり煮すぎず、フレッシュ感を残して仕上げます。
プルーンのアチャールを好みに混ぜていただくと、
スパイスの熟した甘みや香りにフレッシュな果実味が重なり、
深みのある味わいになります。

材料　3〜4人分

ゆで丸鶏（もも、手羽など）…適量
丸鶏のゆで汁…21/2カップ
A カルダモン…6〜7粒
　 クミンシード…大さじ1/2
　 シナモンスティック…1本
　 鷹の爪…1本
B ターメリックパウダー…小さじ1/2
　 レッドチリパウダー…小さじ1/2
玉ねぎ…1/3個
しょうが…20g
トマト…1個
オリーブオイル…適量
ヨーグルト…大さじ4
ガラムマサラ…大さじ1

1　ゆで丸鶏は関節で切り分け、ももの付け根は骨に沿って2つに切り、ガラムマサラをまぶす。
2　鍋にオリーブオイルを薄くひき、**1**のもも、手羽などの皮目を下にして並べ入れ、中火で焼き付け、焼き色が付いたら裏返し、裏面はさっと焼いて取り出す。
3　玉ねぎとしょうがはみじん切りにする。トマトはざく切りにする。
4　鍋にオリーブオイルと**A**を入れて炒め、はじけてきたら**3**のしょうがと玉ねぎを加え、香り良く色づくまで炒める。
5　**3**のトマトと**B**を加えて炒め、ヨーグルトを加えて混ぜ合わせ、丸鶏のゆで汁を注ぎ入れる。沸騰したら弱めの中火にして5分ほど煮、**2**のもも、手羽などを加えてさらに10分煮る。

◎プルーンのアチャール
プルーン…2個
紫玉ねぎ…1/6個
香菜…1/2株
A レモン汁…大さじ1
　 塩、黒こしょう…各適量

1　プルーンは種を除いて角切りにする。紫玉ねぎは粗みじん、香菜は1cm長さに切る。
2　**1**を**A**で和える。

トック

トックは韓国のお雑煮。来し方を振り返りつつ、
よき行く末を願いながらいただく料理です。
つるりとした滑らかさと歯切れの良さが特徴。
スープに落とし、浮いてきたら出来上がりの手軽さで、
丸鶏のゆで汁があればまず作りたくなるスープです。

材料　2人分

ゆで丸鶏（ささみ）…1本
丸鶏のゆで汁…2 1/2カップ
A　しょうゆ、砂糖…各小さじ1
　　みりん…小さじ1/2
　　塩、黒こしょう…各少々
B　しょうゆ、みりん…各小さじ1
しいたけ…3枚
錦糸卵…適量
トック…100 g
三つ葉…適量
糸とうがらし…適量
ごま油…大さじ1/2
塩、黒こしょう…各適量

1　ささみは食べやすく手で裂く。
2　しいたけは軸を除いて5mm幅の薄切りにする。フライパンにごま油を熱し、しいたけを入れて炒める。全体に油が回ったら、Aを回し入れて炒めて取り出す。
3　トックは5分ほど水にひたし、ざるに上げる。三つ葉は2〜3cm長さに切る。
4　鍋に丸鶏のゆで汁とBを入れて火にかけ、煮立ったら3のトックを加える。トックが浮いてきたら火を止め、塩、黒こしょうで味を調え、器によそい1のささみ、2のしいたけ、錦糸卵、3の三つ葉を盛り付け、糸とうがらしを散らす。

サムゲタン

高麗人参やもち米、なつめなど、
気を補い、身体を温める作用のある薬草で丸鶏を煮た料理。
ゆで丸鶏があれば、ももや手羽など好みの部位を使い、
高麗人参などは手に入らなければ入れずに
気軽に作ってみてください。

材料　3〜4人分

ゆで丸鶏（もも、手羽、むね、ささみ）…1/2羽分
A 丸鶏のゆで汁 … 4カップ
　　酒 … 大さじ3
　　塩 … 適量
　　黒粒こしょう … 4〜5粒
B もち米 … 1/2合
　　緑豆 … 大さじ3
　　なつめ … 5〜6個
　　高麗人参（生）… 1本
長ねぎ … 5cm
香菜 … 2株
松の実 … 適量
塩、黒こしょう … 各適量

1　もち米は洗ってざるに上げて水気を切る。緑豆は洗ってたっぷりの水でゆでこぼし、ざるに上げる。
2　長ねぎは斜め薄切りにする。香菜は根を切り、3cm長さに切る。なつめは洗い、包丁で縦に2〜3カ所切り込みを入れる。
3　ももは関節で切り分け、ももの付け根は関節に沿って切り分ける。
4　鍋にAと2の香菜の根とBを入れる。煮立ったら弱めの中火にし、15分ほど煮る。3のもも、手羽、むね、ささみを加えてさらに5分ほど煮る。もち米に火が通ったら、塩で味を調え、松の実を散らす。
5　塩、黒こしょう、2の長ねぎと香菜を添え、好みで加えながらいただく。

チムタック

韓国取材旅行の帰り、台風で飛行機が飛ばず大雨の中、
スタッフみんなで入った店の
チムタックの甘辛い味が優しく温かく。
夜通し語り合った思い出と共に、忘れられない味です。

材料　3〜4人分

ゆで丸鶏（もも）…2本
じゃがいも …2個
玉ねぎ …1個
にんじん …1本
ズッキーニ …1本
トッポギ …8〜10本
春雨 …50g
A　しょうゆ …大さじ2
　　はちみつ …大さじ1 1/2
　　粉とうがらし …大さじ1/2〜1
　　すりえごま …大さじ1
　　おろしにんにく …1かけ分
　　しょうが汁 …小さじ1
　　コチュジャン …大さじ2
丸鶏のゆで汁 …4 1/2カップ
ごま油 …小さじ1
塩、黒こしょう …各少々

1　ももは関節で切り分け、ももの付け根の部分を骨に沿って2つに切り、**A**をもみ込む。
2　じゃがいもと玉ねぎは縦4つ切りにし、にんじんとズッキーニは2cm厚さの輪切りにする。トッポギは洗い、5分ほど水につける。
3　春雨は袋の表示通りにゆで、流水でもみ洗いしてざるに上げて水気をきる。
4　鍋にごま油を入れて熱し、**1**のももを入れて焼き付け、**2**のじゃがいも、玉ねぎ、にんじんを加えてさっと炒める。丸鶏のゆで汁を注ぎ入れ、強めの中火にかけ沸騰したらアクを除いて、弱めの中火にし、15分ほど煮る。**2**のズッキーニとトッポギを加えてひと煮し、**3**の春雨を加えてさらに5分ほど煮て塩、黒こしょうをふり、器に盛る。

きゅうりとトマトのチゲ

春には春の、夏には夏の旬の食材を使い、
季節ごとに身体を整えるチゲがあります。
太陽を存分に浴びた瑞々しい夏野菜は体を潤し、
疲れた身体を癒してくれます。
コチュジャンを使わず、すっきりとした辛さに仕上げます。

材料　4人分

ゆで丸鶏（むね）…2枚
丸鶏のゆで汁…3カップ
きゅうり…2本
トマト…小4〜6個
クレソン…1束
みそ…大さじ2
A　粉とうがらし…大さじ11/2
　　しょうゆ…大さじ1/2
　　おろしにんにく…1かけ分
　　塩…小さじ1/3
ごま油…大さじ1
塩、粉とうがらし…各適量

1　むねは食べやすく手で裂く。
2　きゅうりは麺棒などで軽くたたき、食べやすく手で割る。塩（小さじ1/2／分量外）をふってもみ5分ほどおき、さっと洗って軽く絞る。トマトはへたを除く。クレソンは3〜4cm長さに切る。
3　鍋にごま油（小さじ1）を熱し、2のきゅうりを入れて炒めていったん取り出す。ごま油（小さじ2）とAを入れて炒め、丸鶏のゆで汁を注ぎ、煮立ったら2のトマトを加えて3分ほど煮、みそを溶き入れる。きゅうり、1のむねを戻し入れてひと煮立ちさせ、塩で味を調え、2のクレソンも加えて火を止める。好みで粉とうがらしをふる。

ポトフ

ももや手羽など色々な部位を取り合わせ、
ゆで丸鶏ならではの贅沢なポトフです。
旬の野菜を加え、季節ごとに楽しんでください。

材料　2〜3人分

ゆで丸鶏（もも、手羽など）… 適量
丸鶏のゆで汁 … 適量
じゃがいも … 2個
にんじん … 1本
れんこん … 1節
セロリ … 1本
玉ねぎ … 1個
A ローリエ … 1〜2枚
　　シナモンスティック（半分に折る）… 1本
　　黒粒こしょう … 6〜8粒
塩 … 適量

1　ももは関節で切り分け、ももの付け根は骨に沿って2つに切る。
2　じゃがいもは皮をむいて半分に切る。にんじんは縦半分に切り、長さを半分に切る。れんこんは2cm幅の輪切り、玉ねぎは縦2〜4等分に切り、セロリは筋を除いて10cm長さに切る。
3　鍋に**2**のじゃがいもとにんじん、れんこん、玉ねぎ、セロリを入れ、かぶる程度の丸鶏のゆで汁を注ぎ入れ、**A**を加えて強火にかける。煮立ったら弱めの中火にして、15分ほど煮る。**1**のももを加えて3〜4分煮、塩で味を調える。

ゆで鶏の冷製　山椒しょうゆ

ももは骨を外して、食べやすく切り分けます。
ゆで鶏は冷やすことで身が締まり、
ピリリと山椒を効かせて、
夏の暑さで食欲がない時におすすめ。

材料　3〜4人分

ゆで丸鶏（もも）… 2本
きゅうり … 1本
青じそ … 5枚
みょうが … 2個
しょうが … 10g
山椒しょうゆ … 適量

1　ももは骨を外し、食べやすく切る。
2　きゅうりは塩（分量外）をふって板ずりしてさっと洗い、斜め薄切りにしてからほそ切りにする。青じそは手でちぎる。みょうがは縦薄切りにする。しょうがはせん切りにする。
3　皿に1のももと2のきゅうり、青じそ、みょうが、しょうがを盛り付け、《山椒しょうゆ》をかける。

◎山椒しょうゆ
A　しょうゆ … 大さじ2
　　黒酢 … 大さじ11/3
　　砂糖 … 小さじ1
　　ごま油 … 小さじ1
　　実山椒塩ゆで … 小さじ1〜2

1　材料を混ぜ合わせる。

栗となつめのカオマンガイ

丸鶏をゆでたら、そのゆで汁を使って
ごはんを炊いてみてください。
うまみが凝縮したゆで汁を米が含み、
しっとりと炊きあがります。
もも肉をのせて蒸らし、カオマンガイ風に。

材料　3～4人分

ゆで丸鶏（もも）…1本
米…2合
なつめ…8個
栗…8個
A　丸鶏のゆで汁…2合分
　　酒…大さじ2
　　塩…小さじ1/4

1　ももは骨を除く。
2　なつめは洗って縦に切り込みを2カ所入れる。栗はボウルに入れて熱湯（分量外）を回しかけ、冷めるまでおく。鬼皮、渋皮をむいて2～3等分に切る。
3　米は炊く30分前に洗ってざるに上げておく。
4　鍋に3の米とAを入れ、2のなつめと栗を加えてふたをして強火にかける。沸騰したら弱火にし、13分ほど炊き、1のももを入れて10分蒸らし、ももを崩しながら混ぜ合わせる。

洗った米に、栗、なつめを加えて一緒に炊く。ゆで丸鶏は、後から加えてさらに炊く。時間差で材料を入れていくと、ちょうどよい加減に仕上がる。

れんこんと
菊花の酢和え

さっぱりとした味わいのむね肉を菊の花の苦味で楽しみます。
甘酢の酢を黒酢やワインビネガー、
レモン汁などに変えるとまた違った味わいです。

材料　2人分

ゆで丸鶏（むね）…1枚
菊の花（食用）…3輪
れんこん…5cm
塩、酢…各適量
A　酢…大さじ3
　　砂糖…大さじ1
　　塩…大さじ1/4

1　むねは食べやすく手で裂く。
2　れんこんは皮をむいて薄い輪切りにする。菊の花びらを摘んで外して洗う。
3　塩と酢を加えた熱湯で2のれんこんをさっとゆでて引き上げ、ざるに上げて水気をきる。続いて2の菊の花びらを入れてさっとゆで、水に取って冷ます。ざるに上げ、水気を絞る。
4　3の菊の花びらにAを加えて混ぜ、3のれんこんと1のむねを和える。

韓方ペクスのきのこ鍋

韓国の従兄から小さな荷物が届き、包みをほどくと独特の芳香が広がり、心と体を優しく包んでくれます。韓医学博士である従兄が折に触れ、私たちのために薬草を送ってくれるのです。小さな箱がとても豊かに大きく感じます。そんな素敵な荷物が届いたときには韓方ペクスをつくります。

韓方（ハンバン）とは中国から伝わった中医学理論が韓国の風土、生活習慣、人の体質の特徴に合わせ独自に発展し、根づいたものです。木の枝、木の根、葉や花などの身近な植物を、自分の心と体の状態を感じながら茶や料理として体に取り込み、心身の調和を保ち、健やかであろうとする。そうしたことが我が家では日常として行われてきました。

韓方は韓国の漢方の意、ペクスは丸鶏の水炊きのような料理です。
煮上がったら丸鶏をさばき、スープにはきのこや野菜を加えていただくのが私なりの楽しみ方です。

韓方ゆで丸鶏

材料　4〜6人分

丸鶏…1羽（中抜き・約1.6〜1.8kg）
粗塩…大さじ1
A 黄耆、当帰、甘草、エゾウコギ、針桐、
　桑皮、鹿の角、なつめ、高麗人参（生）
B 長ねぎ（青い部分）…1本分
　にんにく…2かけ
　黒粒こしょう…5〜6粒
　酒…1/2カップ
　塩…小さじ1

1　丸鶏は腹の中まできれいに洗い、ペーパータオルで水気をふき取る。粗塩を軽くすり込み1時間ほどおき、再び洗って水気をきる。
2　鍋に1の丸鶏を入れてかぶるくらいの水を注ぎ、AとBを入れて強火にかける。煮立ったらアクを除いて弱めの中火にし、アクを取りながら40分ほど煮る。
3　バットに丸鶏を取り出す。粗熱が取れ、手で触れる程度に冷めたら、さばく。Aを引き上げ、スープは濾す。Aのうち、なつめ、高麗人参は食し、残りはスープに戻し入れる。

韓方ペクスのきのこ鍋

材料　4〜6人分

韓方ゆで丸鶏（好みの部位）…適量
韓方ゆで丸鶏のゆで汁…適量
好みのきのこ類…適量
山芋…10cm
れんこん…1節
ケール…4〜5枚
ゆり根…1個
ごはん…茶碗2杯分
ゆずの皮…適量
塩…適量

1　ゆで丸鶏はそれぞれの部位を骨から外し、部位ごとに皿に盛り付ける。
2　きのこ類は根元を切り落とし、小房に分ける。山芋は皮をむいて1cm厚さの輪切り、れんこんは1cm厚さの輪切りにする。ゆり根は一片ずつ外し、傷んだ部分をそぎ取ってきれいに洗う。
3　鍋に韓方ゆで丸鶏のゆで汁を入れ、塩で味を調える。
4　鍋にきのこ、1の鶏肉と2の山芋とれんこん、ケールを入れ、煮ながらいただく。
5　鶏肉と野菜を食べ終えたら、ごはんと2のゆり根を加えてさっと煮、ゆずの皮をおろし入れる。

［スープを余さずいただく］

まずは滋味あふれるスープをひと口味わいます。
具材を入れて煮えたらすぐにいただき、
スープだけになったら、次の具材を加えます。
いろいろな食材の風味が溶け込んでいき、
締めは、うまみたっぷりの雑炊ができます。

1　スープを器に注ぎ、香りと味を楽しむ。
2　きのこ類を鍋に入れ、食感や風味の違いを味わう。
3　ゆで丸鶏、野菜類を入れ、スープとともに味わう。
4　締めは、ごはんとゆり根を入れた雑炊。ゆずの皮をすりおろし、余さずいただく。

3

4

PART 2
焼き丸鶏

シンプルな料理を繰り返し作ることはとても大切だと思っています。その際には完成イメージをしっかりと持って料理をします。

丸鶏をローストするときには皮の色目はどのくらいにするのか、パリッと香ばしくさせたいか、しっとりと焼き上げたいか。目の前の丸鶏の大きさ、水分の含み具合を見ながら、常に考え、感じとります。

レシピはいつも私たちを正しい方へと導いてくれますが、思い描いた仕上がりを求めるとき、丸鶏の大きさによっても、塩の量、温度や焼き時間は大きく異なります。

料理をする機会は一期一会。感謝の気持ちをもって大切にすることで、同じことの繰り返しに思えるような毎日を、色彩豊かで喜びに満ちたものにしてくれるように思います。

```
材料  4〜6人分

丸鶏 … 1羽（中抜き・約1.6〜1.8kg）
粗塩 … 大さじ1 1/2
黒こしょう … 適量
にんにく … 1玉
じゃがいも（蒸したもの）… 2個
溶かしバター、オリーブオイル … 各適量
ローズマリー、タイム … 各適量
```

[丸鶏を焼く]

1 下処理をする

1 丸鶏は腹の中まで流水できれいに洗い、ペーパータオルで水気を拭き、腹を上にしてバットにのせる。フォークを腹の奥まで入れ、脂の部分や内臓の残りをすべてかき出す。

2 腹の中と全体に、粗塩を手でしっかりすり込み、1時間ほどおく。

3 水気をペーパータオルでおさえる。

4 黒こしょうを挽き入れ、刷毛で溶かしバターを塗る。
※まんべんなくバターを塗ると、焦んがりきれいに焼ける。

5 竹串で腹を縫って閉じる。

6 両足を交差させ、竹串で止める。

7 腹と両足を、竹串で止めた状態。
※竹串でしっかり止めると、焼き上がったときに、きれいな形に仕上がる。

8 天板の上にクッキングシートをしき、下処理をした丸鶏をのせ、ローズマリー、タイムをのせる。丸鶏のまわりに、縦4等分に切ったじゃがいも、横半分に切ったにんにくを散らす。

9 全体にオリーブオイルを回しかける。

073

2 焼く

1 予熱した200℃のオーブンに入れ、50〜60分ほど焼く。焼いている途中で10分おきに、スプーンで天板に落ちたオイルを鶏肉にかける。じゃがいもとにんにくは色よく焼き上がったら途中で取り出す。
※オーブンによって火の回り方が異なるので、様子を見ながら焼き時間を調整する。

2 竹串2本を抜く。

3 焼き上がった丸鶏を、腹を上にして器に盛る。

［焼き丸鶏をさばく］

［ ももをさばく ］　［ 手羽をさばく ］　［ むねをさばく ］

1 ももの付け根に包丁を入れ、ももを切る。反対側も同様に。

1 手羽元に包丁を入れ、手羽を切る。反対側も同様に。
※むねを少しつけて切ると、切りやすい。

1 腹の中心に沿って、皮を包丁で切る。

2 そのまま包丁を下へ動かし、むねを切る。反対側も同様に。

ポテトサラダ

ポテトと合わせる鶏肉の部位は、どれでも美味しく作れますが、
私はパリリと焼き上がった皮つきが好み。
一緒に焼いたハーブもそのまま加えると
軽い燻製のような香りをまといます。

材料　2人分

焼き丸鶏（手羽）… 1本
じゃがいも … 2個
半熟ゆで卵 … 1個
紫玉ねぎ … 1/4個
A 酢 … 小さじ1
　　オリーブオイル … 小さじ1
ケイパー … 小さじ2
マヨネーズ … 大さじ1
塩、黒こしょう … 各適量

1　手羽は骨を外して、食べやすく手で裂く。
2　じゃがいもはきれいに洗い、蒸気の上った蒸し器で20
分ほど蒸す。熱いうちに皮をむいて粗くつぶし、Aを加え
て混ぜる。
3　半熟ゆで卵は半分に切る。紫玉ねぎは縦薄切りにし、
塩少々をふって軽くもみ、5分ほどおいてしんなりしたら、
さっと水で洗って水けを絞る。
4　2のじゃがいもに1の手羽、3の紫玉ねぎ、マヨネーズ、
ケイパーを加えて混ぜ、塩、黒こしょうで調味する。
5　器に盛り、3の半熟ゆで卵を添える。

春菊とざくろのサラダ

皿に盛りつけたらレモンをぎゅっと絞り、塩を散らすだけ。
季節の出会いものを取り合わせたら、それだけでご馳走です。
食感や香り、彩りから季節を感じ、シンプルに楽しみます。

材料　2人分

焼き丸鶏（むね）… 1枚
春菊 … 1/2わ
梨 … 1/3個
ざくろ … 1/4個
レモン … 1/2個
塩、黒こしょう … 各適量

1　むねは食べやすく切る。春菊は6〜7cm長さに切る。
梨は皮をむいて細切りにし、ざくろは実を取り出す。
2　皿に1のむね、春菊、梨、ざくろを彩りよく盛り、
レモンを絞り、塩、黒こしょうをふる。

軽い燻製と桃のサラダ

もも肉は10分ほど燻製にし、表面に軽く香りをまとわせます。
甘い香りを放つ桃を合わせて、
幸福感のある一皿です。

材料　2人分

焼き丸鶏（手羽、もも）… 適量
燻製チップ … 適量
ルッコラ … 適量
桃 … 1個
オリーブオイル、赤ワインビネガー … 各小さじ1
塩、黒こしょう … 各適量

1　ももは関節で切り分ける。
2　鉄のフライパンにアルミホイルをしき、燻製チップを
入れて焼き網をのせて火にかける。煙が出てきたら手羽、
ももを入れて蓋をし、弱めの中火で10分ほど燻製にする。
火を止め10分ほどそのままおく。
3　桃はくし形に切り皮をむく。
4　皿に2のももと手羽を盛り付ける。ルッコラと3の桃を
添え、オリーブオイル、赤ワインビネガーを回しかけ、塩、
黒こしょうをふる。

ビーツとざくろのサラダ

ビーツの甘さとざくろの瑞々しい果実味、深紅の艶めき。
自然の植物が放つ色。
引き込まれそうな美しさです。

材料　2〜3人分

焼き丸鶏（もも）…1本
ビーツ…1個
ざくろ…1/2個
A　赤ワインビネガー…大さじ11/2
　　はちみつ…大さじ1/2
　　オリーブオイル…大さじ1
　　紫玉ねぎ…1/4個
　　チャービル、ディル…各適量

1　ももは骨を外し、食べやすく切る。
2　ビーツはきれいに洗い、皮つきのまま鍋に入れ、水を
たっぷり注いで火にかける。沸騰したら弱火めの中火にし
て30分ほどゆでる。粗熱が取れたら皮をむき、食べやすく
切る。
3　ざくろは皮に包丁で切れ目を入れ、手で割り実を取り
出す。
4　Aの紫玉ねぎは粗みじんに切り、チャービルとディル
は葉を摘む。
5　ボウルに1のもも、2のビーツ、3のざくろを入れ、A
で和える。

スナップえんどうと
ディルのソース

ディルと松の実、にんにくを合わせた香り良い濃厚なソース。
スナップえんどうにからめて添えると、
さっぱりしたむね肉を引き立てます。
パンと合わせてサンドイッチにするのもおすすめです。

材料　2人分

焼き丸鶏 (むね) … 2枚
スナップえんどう … 15さや
A 松の実 … 20ｇ
　 ディル (生) … 10ｇ
　 にんにく … 1/4かけ
　 オリーブオイル … 大さじ1
　 塩、黒こしょう … 各少々

1　むねは1枚を各々半分に切る。
2　Aの松の実はすりつぶし、ディルは細かく刻む。にんにくはすりおろし、Aの全ての材料を混ぜ合わせる。
3　スナップえんどうは筋を除き、塩（分量外）を加えた熱湯でゆで、ざるに上げて水気をきる。さやを半分に裂き、2のディルのソースで和える。
4　皿に1のむねと3のスナップえんどうを盛り付ける。

ピーマンの塩炒め

ピーマンは大ぶりに切り、炒め過ぎないようにして
香りと食感を楽しみます。
調味料は塩だけ。焼き丸鶏があれば、
野菜炒めが得意料理になります。

材料　2人分

焼き丸鶏（むね）…1枚
ピーマン…5個
クレソン…1束
塩、黒こしょう…各適量
オリーブオイル…大さじ1

1　むねは食べやすく手で裂く。
2　ピーマンはへたと種を除き、縦4〜5等分に切る。クレ
ソンは長さを3等分に切る。
3　フライパンにオリーブオイルを熱し、2のピーマンを入
れてさっと炒め、軽く焼き色が付いたら1のむねと2のク
レソンを加えて炒め合わせ、塩、黒こしょうで調味する。

ドライトマトの
玄米むすび

ドライトマトは梅干しの様なイメージ。
酸味が玄米ごはんに良く合います。
表面をフライパンで焼いて、
香ばしさを楽しんでも。

材料　3〜4人分

焼き丸鶏（むね）… 1枚
玄米ごはん … 茶碗3〜4杯分
ドライトマト … 15g
A　オリーブオイル … 小さじ2
　　酢 … 小さじ1
　　塩 … 小さじ1/5
バジルの葉 … 適量

1　むねは食べやすく手で裂く。
2　ボウルにドライトマトを入れ、熱湯を回しかけて水気
をきり、Aで和える。
3　玄米ごはんに**1**のむねと**2**のドライトマト、バジルの葉
を加えて混ぜ、薄く手塩（分量外）をつけておむすびにする。

プルタック

韓国語でプルは火、タッは鶏で、火の鶏と言う意味です。
火を吹くほど辛い鶏料理と言われています。
専門店ではケランチムという卵料理を合わせて
辛さを和らげながらいただきますが、
ここでは蒸したとうもろこしを添えました。

材料　2人分

焼き丸鶏（もも、手羽など）…適量
A コチュジャン…大さじ1 1/2
　 しょうゆ…大さじ1/2
　 しょうが汁…小さじ1/4
　 おろしにんにく…1/2かけ分
　 ごま油…小さじ1
　 白いりごま…大さじ1/2
とうもろこし…1本
イタリアンパセリ（みじん切り）…適量

1　ももは関節で切り分け、ももの付け根は骨に沿って切り分ける。
2　魚焼きグリルに1のももを並べ片面にAをぬって1分ほど焼き、裏返して残りのAをぬり、さらに1分ほど焼く。
3　とうもろこしは長さを半分に切り、縦半分に切る。蒸気の上った蒸し器で5分ほど蒸す。
4　皿に2のももと3のとうもろこしを盛り付け、イタリアンパセリをふる。

ナムプラーがらめ

同じ丸鶏のローストも、各国の料理に欠かせない
調味料をからめると、
味わいががらりと変わります。
ここではナムプラーにレモングラスを合わせて、
香菜を添えて、タイを感じる味わいに。

材料　2人分

焼き丸鶏(もも、手羽など)…適量
A　ナムプラー…大さじ1〜2
　　きび砂糖…小さじ1/2
　　レモングラス茎の部分(薄切り)…1本
　　香菜…適量
すだち…2個
黒こしょう…適量

1　もも、手羽などはAを絡めて皿に盛り、香菜と
半分に切ったすだちを添え、黒こしょうをふる。

照り焼き

そのままでもおいしい焼き丸鶏に、
さらにはちみつじょうゆをからめて
照り焼きに仕上げました。

材料　2人分

焼き丸鶏（もも）…2本
A しょうゆ、はちみつ、酒…各大さじ11/2
いんげん…30本
パセリ（みじん切り）…大さじ2
オリーブオイル…適量

1　いんげんは塩（分量外）を加えた熱湯（分量外）でさっと
ゆでる。パセリと塩少々（分量外）をふって混ぜる。
2　フライパンにオリーブオイルを熱し、ももを入れて焼き
つける。温まって表面がパリッとしたら、いったん取り出す。
3　フライパンにAを入れて煮立ててとろみがついたら2のも
もを加えて絡める。
4　皿に3のももを盛りつけ、フライパンのソースをかけ、
1のいんげんを添える。

クミンオイル炒め

ホールスパイスをたっぷり絡めて食感も楽しみます。
丸鶏と一緒にローストしたじゃがいもも加えて。
ホールスパイスは軽く叩いてつぶすことで、香りが立ちます。

材料　3〜4人分

焼き丸鶏 … 1/2羽分
焼きじゃがいも … 1個分
オリーブオイル … 大さじ1
A　クミンシード … 小さじ2
　　コリアンダーシード … 小さじ1
　　シナモンスティック … 1本
　　黒こしょう … 小さじ1/2
　　八角 … 1個
　　鷹の爪 … 2〜3本

1　焼き丸鶏は食べやすく切る。
2　Aのクミンシード、コリアンダーシードは麺棒などで
たたき、軽くつぶす。
3　フライパンにオリーブオイルとAを入れて熱し、スパ
イスが弾けて香りが立ったら1の焼き丸鶏と焼きじゃがい
もを加えて絡めるように焼き付け、器に盛る。

サンドイッチ

パンに葉野菜をのせたら、あとは気分にまかせて
季節のフルーツやジャムを合わせます。
厚切りの香ばしい丸鶏のローストの
色々な美味しさを楽しめます。

材料　2人分

焼き丸鶏 (むね) … 2枚
バター、粒マスタード … 各大さじ1
好みのパン … 4枚
レタス … 適量

いちじく、プラム … 適量
桃とパッションフルーツのジャム … 適量
グリーンオリーブのタプナード … 適量

1　むねは食べやすく切る。
2　バターと粒マスタードを混ぜ合わせ、パンの片面にぬる。
3　季節のフルーツやジャム、好みのソースなどを取り合わせ、レタス、1のむねに合わせて思い思いにパンにのせていただく。

賀茂なすと
きぬかつぎの田楽

トロトロに焼いた賀茂なすに、自家製の田楽みそ、
丸鶏のローストをのせて、すりえごまをふると、
ふわりと香ばしい香りが。
小さな里芋と、うまみが増した賀茂なす。
秋の味覚を一皿に盛りこみました。

材料　3〜4人分

焼き丸鶏（もも）…1本
賀茂なす…2個
里芋…8個
ごま油…大さじ1
すりえごま…適量

1　ももは骨を外し7〜8等分に切る。
2　賀茂なすは上下を切り落とし、横半分に切る。上部を
面とりするように皮を切り落とし、ごま油の半量を全体に
まぶす。
3　フライパンに残りのごま油を熱し、なすを並べる。ふた
をして5〜6分、裏返して5〜6分焼く。
4　里芋はきれいに洗い、上下を平らに切り落とす。蒸気
の上った蒸し器で15〜20分蒸す。
5　皿に2の賀茂なすを並べ入れ、《田楽みそ》、1のももの
順にのせ、すりえごまをふる。4の里芋を添える。

◎田楽みそ（作りやすい分量）
A　八丁みそ…35g
　　練り胡麻…15g
　　甜菜糖…大さじ1
　　みりん…小さじ1
　　酒…小さじ1
　　水…大さじ11/2

1　小さな手鍋にAを入れて木ベラで練り混ぜながら15分
ほど煮る。

りんごのローストチキン

気のおけない友人達を招いて食卓を囲むとき、りんごのローストチキンをよく作ります。スタッフィングには、黒米、栗やなつめ、ドライフルーツを合わせ、鶏肉の準備ができたら、紅玉りんごと一緒にオーブンへ。りんごが弾け、あふれ出たソースを幾度もていねいに鶏肉にかけながら、乾燥しないよう心を配り、焼き上げます。内側からはスタッフィングの香りがふくよかに広がり、とろりとしたりんごはソース代わりに鶏肉と一緒にいただきます。鶏肉が焼ける音とりんごの甘酸っぱい香りが漂って、ひんやりとしていたキッチンが温かく幸せな空気に包まれるようです。

材料　4〜6人分

丸鶏 … 1羽（中抜き・約1.6〜1.8kg）
塩 … 大さじ1 1/2
黒こしょう … 適量
りんご（紅玉）… 3個
有塩バター … 15g
黒米 … 大さじ4
スペルト小麦 … 大さじ4
玉ねぎ … 1/3個
干しぶどう … 15g
蒸し栗、なつめ … 各5個
にんにく … 1かけ
溶かしバター、オリーブオイル … 各適量
塩、黒こしょう … 各適量
ローズマリー、タイム、ローリエ … 各適量

1 丸鶏の下処理をする →(p.072)

2 スタッフィングを作る

1 黒米とスペルト小麦は洗って30分ほど浸水させ、たっぷりの水で20分ほどゆで、ざるに上げて水気をきる。

2 玉ねぎとにんにくはみじん切りにする。

3 フライパンに有塩バターを中火で熱し、2の玉ねぎとにんにくを入れて炒める。玉ねぎがしんなりしたら、オリーブオイル（大さじ1/2）を入れ、1の黒米、スペルト小麦を加えて炒める。

4 全体に油がなじんだら、干しぶどう、蒸し栗、なつめを加えて炒め、塩、黒こしょうで味を調える。

3 スタッフィングを詰める

1 丸鶏に黒こしょうを挽き入れた後、スプーンで、スタッフィングを詰める。

2 竹串で、腹を縫うようにして止める。

3 両足を交差させて、竹串で止める。
※竹串でしっかり止めると、焼き上がったときに、きれいな形に仕上がる。

4 焼く準備をする

1 りんごの芯をくり抜き、バター（分量外）を詰める。

2 天板の上にクッキングシートをしき、下処理をした丸鶏をのせ、ローズマリー、タイム、ローリエをのせる。丸鶏のまわりに、1のりんごをのせ、オリーブオイルを回しかける。

5 丸鶏を焼く

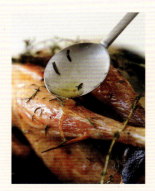

予熱した200℃のオーブンに、焼く準備をした丸鶏を入れ、10分おきに出てきた油をすくってかけながら50〜60分ほど焼く。

※オーブンによって火の回りが異なるので、様子を見ながら焼き時間を調整する。

6 丸鶏をさばき、皿に盛る

もも、むね、手羽をさばいて（→ p.074）皿に盛り、スタッフィングを盛り合わせ、焼きりんごを縦半分に切って添える。

りんごのローストチキン
といちじくのマリネ

鶏のうまみを吸っておいしくなったスタッフィング。
いちじくとトレビス、むね肉も加え、
サラダ感覚のマリネにアレンジしました。

材料　3〜4人分

りんごのローストチキン（むね）…1枚（→p.102）
スタッフィング…大さじ4〜5
いちじく…2個
A　オリーブオイル…大さじ1
　　イタリアンパセリ（みじん切り）…大さじ2
　　赤ワインビネガー…大さじ2
　　粒マスタード…小さじ2
　　塩、黒こしょう…各適量
トレビス…3枚

1　むねは食べやすく切る。
2　いちじくは縦4等分に切り、トレビスは手でちぎる。
3　ボウルに1のむね、2のいちじくとトレビス、スタッフィングを入れ、Aで和える。

りんごのローストチキンと
スタッフィングのコロッケ

じゃがいもに、ローストチキンとスタッフィングを合わせて
衣をつけてライスコロッケにしたら、とびきりの美味しさに。
このコロッケを作りたいから、
りんごのローストチキンを焼く回数が増えそうです。

材料　3〜4人分

りんごのローストチキン（骨から取った細かな肉）とスタッフィングを合わせたもの（→p.102）… じゃがいもの1/2〜1/3量程度
じゃがいも …3個
オリーブオイル …大さじ1〜1 1/2
塩、黒こしょう …各適量
小麦粉、溶き卵、パン粉、揚げ油 …各適量

1　じゃがいもはきれいに洗い、蒸気の上った蒸し器で20分ほど蒸す。皮をむいてつぶす。
2　ボウルに1のじゃがいもとオリーブオイルを混ぜ合わせ、ローストチキンの肉、スタッフィングを入れて塩、黒こしょうで調味して混ぜる。
3　2を直径5〜6cmの球形に成形して、小麦粉、溶き卵、パン粉の順に衣をつけ、180℃の油で色よく揚げる。

コロンとした形で、ひと口サイズが可愛い。衣さっくり、中身ほっこり。手で割っても、おいしくいただけます。

ローストチキンによく合うサブの料理

カリフラワーのスープ

雪のように真白なスープ。山芋でとろみをつけた優しい味わいです。
シナモンの香りで心が華やかに。

材料　4人分

カリフラワー … 300g
山芋 … 60g
牛乳 … 2カップ
塩 … 小さじ1
オリーブオイル … 適量
シナモンパウダー … 適量

1　カリフラワーは小房に分け、飾り用に数枚薄切りにする。山芋は皮をむいて1cm厚さの輪切りにする。
2　塩（分量外）を加えた熱湯にカリフラワーと山芋を入れ、3分ほどゆで、ざるに上げて水気をきり、飾り用は別に取りおく。ゆで汁1カップは残しておく。
3　2のカリフラワーと山芋をミキサーに入れてポタージュ状にし、鍋に入れる。牛乳を加え、中火にかけ、焦がないように木ベラで混ぜながら煮、1のゆで汁を様子を見ながら加えて好みのとろみ加減にする。ふつふつしてきたら火を止め、塩で調味する。
4　器によそい、1の飾り用のカリフラワーをのせ、オリーブオイルを落とし、シナモンパウダーをふる。

緑野菜と松の実のサラダ

メインのローストチキンには、
香りのある緑の野菜を取り合わせます。
季節の果実の甘酸っぱさが、
葉野菜の美味しさを引き立てます。

材料　4人分

ハーブや葉野菜（ケール、イタリアンパセリなど）
… 各適量
巨峰 … 5〜6粒
A　オリーブオイル … 小さじ2
　　赤ワインビネガー … 大さじ1/2
　　塩、黒こしょう … 各少々
はちみつ … 適量
松の実 … 適量

1　ハーブや葉野菜は食べやすく切り、巨峰は縦半分に切る。松の実は粗く砕く。
2　1のハーブと葉野菜と巨峰をAで軽く和えて皿に盛り、はちみつをたらして松の実を散らす。

大豆のフムス風

ゆで大豆で作るフムス。
レモン汁とクミンパウダーを
効かせてオイルをたっぷりと。

材料　4人分

ゆで大豆 … 100g
A　オリーブオイル … 大さじ1〜2
　　レモン汁 … 1/4個分（小さじ1）
　　クミンパウダー … 少々
オリーブオイル、塩、黒こしょう … 各適量

1　フードプロセッサーにゆで大豆とAを入れて撹拌し、ペースト状にし、塩で調味する。
2　皿に1を盛りつけ、オリーブオイルを回しかけ、塩、黒こしょうをふる。

料理・文・スタイリング

コウ静子　Shizuko Koh

料理家。国際中医薬膳師。同じく料理家である母、李映林さんの韓国薬膳を取り入れた日々の食卓や、2人のいとこが韓医学博士で韓医師、婦人科医という環境もあり、薬膳や韓医学を身近に感じて育つ。弟のコウケンテツさんも料理家として活躍中。TV、ラジオ、雑誌など多数のメディアで料理を提案しながら、自分自身と向き合い、日々の食卓を大切にすること。それは心と体を美しく豊かにしてくれるということを、料理を通じて伝えている。講演、飲食店プロデュースや雑貨の提案も行っている。著書に『キレイな人の秘密がわかる 韓国ごはん』（成美堂出版）『症状別 不調のときに食べたいごはん』（家の光協会）などがある。

STAFF

ブックデザイン　久保多佳子（haruharu）

撮影　新居明子

編集　Take One

丸鶏レシピ
うまみを丸ごといただきます

2019年11月21日　発　行　　　NDC596

著　者　　コウ静子

発行者　　小川雄一

発行所　　株式会社 誠文堂新光社
　　　　　〒113-0033　東京都文京区本郷3-3-11
　　　　　[編集]　電話 03-5805-7285
　　　　　[販売]　電話 03-5800-5780
　　　　　https://www.seibundo-shinkosha.net/

印刷・製本　図書印刷 株式会社

©2019,Shizuko Koh.
Printed in Japan
検印省略
本書記載の記事の無断転用を禁じます。
万一落丁・乱丁本の場合はお取り替え致します。

本書に掲載された記事の著作権は著者に帰属します。これらを無断で使用し、展示・販売・レンタル・講習会等を行うことを禁じます。
本書のコピー、スキャン、デジタル化等の無断複製は、著作権法上での例外を除き、禁じられています。本書を代行業者等の第三者に依頼してスキャンやデジタル化することは、たとえ個人や家庭内での利用であっても著作権法上認められません。

JCOPY〈(一社)出版者著作権管理機構 委託出版物〉
本書を無断で複写複製（コピー）することは、著作権法上での例外を除き、禁じられています。本書をコピーされる場合は、そのつど事前に、(一社)出版者著作権管理機構（電話 03-5244-5088／FAX 03-5244-5089／e-mail:info@jcopy.or.jp）の許諾を得てください。

ISBN978-4-416-71943-5